Dios con nosotros

PROGRAMA DE NAVIDAD

Editorial Concordia

Copyright 2006 © Editorial Concordia
3558 South Jefferson Avenue, Saint Louis, Missouri, 63118-3968, USA

Todos los derechos reservados. Con excepción de su reproducción para el uso en la iglesia, ninguna parte de esta publicación debe ser reproducida, almacenada en un sistema de recuperación o transmitida en alguna forma o por algún medio electrónico, mecánico, fotográfico, o grabado, sin previo permiso escrito de Editorial Concordia.

Los pasajes bíblicos son de la Santa Biblia, *Nueva Versión Internacional.* © 1999 por la Sociedad Bíblica Internacional. Usados con permiso.

Autores: María Ester H. de Sturtz
 Edith Calaba
 Rev. Daniel Klenovsky
 Erna Leonor H. de Habringer
Ilustraciones interiores: Roberta Collier-Morales
Ilustración de la tapa: Nicole Wong
Producción del CD: Coro Fuente de Vida de la Iglesia Evangélica Luterana Argentina de Bahía Blanca, Argentina
Bases y grabación: Germán Falcioni
Diseño de la tapa: Florencia Fau-Pieske
Editor: Rev. Héctor Hoppe

Editorial Concordia es la división hispana de Concordia Publishing House.

Impreso en U.S.A.

3 4 5 6 7 8 9 10 11 12   25 24 23 22 21 20 19 18 17 16

Contenido

DIOS CON NOSOTROS - INTRODUCCIÓN	5
BOSQUEJOS PARA MENSAJES	7
Primer mensaje: ¿Está Dios lejos o cerca de nosotros?	7
Segundo mensaje: ¿Es Dios rencoroso o perdonador?	9
Tercer mensaje: Dios es firme, ¿o podemos manejarlo a nuestra manera?	10
Cuarto mensaje: Dios nos da libertad, ¿o nos maneja como tiene ganas?	11
Reflexión al cierre del programa: ¡Emanuel! Dios está con nosotros	12
MENSAJES PARA NIÑOS	14
1. Charla introductoria: Dios está cerca	14
2. Primera devoción: ¿Está Dios lejos de nosotros?	16
3. Segunda devoción: ¿Es Dios rencoroso?	18
4. Tercera devoción: ¿Podemos manejar a Dios a nuestra manera?	21
5. Cuarta devoción: ¿Nos maneja Dios como tiene ganas?	23
PROGRAMA DE NOCHEBUENA	25
Primera escena – Tema 1: ¿Está Dios lejos?	25
Segunda escena – Tema 2: ¿Un Dios resentido?	27
Tercera escena – Tema 3: ¿Podemos manejar a Dios a nuestra manera?	29
Cuarta escena – Tema 4: ¿Un Dios que nos maneja?	30
Quinta escena – Tema 5: ¡Emanuel! Dios con nosotros	31
Manualidades para la escenografía	32
PARTITURAS	33
CANCIONES REPRODUCIBLES	38
ENCUESTAS	40
INVITACIONES	41
LÁMINA DE PROMOCIÓN	42

Dios con nosotros

FUNDAMENTACIÓN:

El ser humano trata de imaginarse, o de hacerse una idea de cómo es Dios. En su intento quita atributos a Dios, o bien agrega características que no son propias de Dios. Así es que comúnmente se tiene la idea de:

* Un Dios lejano, alejado de nosotros y de nuestros problemas. Está tan lejano que resulta imposible llegar a él. No obstante, hay un intento de llegar con nuestros propios medios a través del sacrificio personal y de "ejercicios espirituales".
* Un Dios resentido, rencoroso, que se deleita en hacer sentir su poder sobre los débiles seres humanos.
* Un Dios manejable; que aparece y desaparece según nuestra conveniencia; de quien se puede disponer a través de una jugosa ofrenda o un sacrificio. Se lo cataloga de injusto cuando no hace lo que nosotros esperamos o deseamos que haga.
* Un Dios que nos maneja como títeres o marionetas; que no nos permite elegir; que se deleita en prohibir justo aquello que nos gusta hacer.

OBJETIVO GENERAL:

Adorar a Dios al comprender su amor manifestado en "Emanuel" (Dios con nosotros).

OBJETIVOS ESPECÍFICOS:

* Comprender que Dios, en su amor llega hasta los seres humanos, y que coloca un único camino (Jesús) para llegar a él.
* Comprender que Dios no actúa por resentimiento o rencor, sino que perdona y olvida nuestras maldades confesadas.
* Comprender que Dios es justo, recto y santo.
* Comprender que Dios ha dado libertad al ser humano (al crearlo, y al salvarlo en Cristo) y que marca principios para vivir disfrutando de esas condiciones.

ESTRUCTURA:

El programa contiene:

* Encuestas e invitaciones.
* Cinco bosquejos de reflexiones para la época de Adviento y el programa de Nochebuena.

- ✭ Cuatro devociones para niños.
- ✭ Programa de Nochebuena con escenas y sugerencias para el desarrollo.
- ✭ Canciones nuevas para niños con sus partituras, grabadas en un disco compacto.
- ✭ Manualidades para la escenografía.

El motivo de la encuesta es llegar a las personas de su barrio o localidad con el objeto de conocer lo que éstas piensan acerca de Dios. El programa también puede hacerse sin la encuesta, pero ésta le puede ser útil en la preparación de los mensajes de Adviento y el programa de Navidad. Además es una oportunidad especial para compartir la invitación con el programa a desarrollar. Encontrará un modelo de encuesta y una invitación reproducible en las páginas 40-41.

Antes de hacer la encuesta, se sugiere que el quinto domingo antes de Navidad se tenga la charla con los niños en forma de devoción antes o durante la escuela dominical, o como un mensaje para niños durante el culto público. Dicha charla introductoria se halla en la página 14.

Bosquejos para mensajes

Reflexiones para la época de Adviento y de Nochebuena

PRIMER MENSAJE:	¿Está Dios lejos o cerca de nosotros?
SEGUNDO MENSAJE:	¿Es Dios rencoroso o perdonador?
TERCER MENSAJE:	Dios es firme, ¿o podemos manejarlo a nuestra manera?
CUARTO MENSAJE:	Dios nos da libertad, ¿o nos maneja Dios como tiene ganas?
QUINTO MENSAJE:	¡Emanuel! (para el cierre del programa de Nochebuena)

Primer mensaje: ¿Está Dios lejos o cerca de nosotros?
(Cuarto domingo antes de Navidad)

OBJETIVO: que el oyente comprenda y se consuele al saber que Dios, en su amor, vino en Jesucristo a los seres humanos; y que en él está el camino que nos lleva al Padre.

TEXTOS: Deuteronomio 4:7; Salmos 34:18; 85:9; 119:151; 145:18-19; Isaías 50:8; Efesios 2:11-18

INTRODUCCIÓN:

Es evidente la falta de equilibrio que hay en todo el planeta, de tipo ecológico, social, familiar y también espiritual. En ese mundo desequilibrado es notable la necesidad de paz interior que tienen los seres humanos, producto de su alejamiento de Dios, y de las ideas equivocadas acerca del Creador. Esto ha llevado a los seres humanos a buscar el equilibrio y la armonía de manera equivocada, una paz pasajera, que viene a ser tan solamente un parche religioso y piadoso, que no logra dar al hombre una paz duradera y trascendente.

Queremos, a través de las reflexiones de Adviento, rescatar la verdad que encontramos revelada en la Biblia, la palabra de Dios y denunciar las ideas equivocadas que perjudican la paz espiritual de las personas.

Una característica común en nosotros es que pensamos que Dios está lejos de nuestros problemas y dificultades; está tan apartado que resulta difícil, costoso, y muchas veces imposible llegar hasta él. A pesar de esto, intentamos llegar hasta él con nuestro propio esfuerzo, y buscar la paz a través de sacrificios o ejercicios espirituales.

DESARROLLO:

¿Cuáles son los resultados de tener esta imagen de Dios?

Se cree que tenemos que llegar nosotros a él por nuestros propios medios, por nuestras propias acciones. Cuando más y mejor cumplimos los mandatos de Dios, tanto más cerca estamos de la divinidad. Para esto es necesario realizar "actos religiosos" (orar, caminar, ir a los momentos de la adoración, tener buena conducta, etc.). No importa de qué religión sea una persona o a quién cree y adora, basta que haga un intento de llegar a Dios.

Se desarrollan muchos "sistemas religiosos" que pretenden ser el camino para llegar a ese ser que está tan lejos. Así, el camino termina siendo el mismo sistema y la voluntad propia del hombre.

Aparecen también los "ejercicios espirituales", a través de los cuales se logra la auto-superación de cada ser humano. Claro está que pensando así, llegan solamente los que tienen en sí mismos la capacidad de auto-superación. Entran aquí todas las doctrinas voluntaristas: las que promueven la búsqueda de paz y equilibrio en la propia voluntad humana. El lema general es: "Usted es dios, sea su propio salvador." (Ej: yoga, meditación trascendental, mantras, tantras, etc.)

El énfasis termina puesto en los ritos, formas y reglas que nos permitirán llegar a Dios. Las obras son cambiadas por la fe, y no son el fruto de ella. O sea que nosotros vamos a Dios y le damos lo que nosotros queremos, y no lo que Dios espera. Es una manera de tener a Dios a cierta distancia, como para que no interfiera demasiado en nuestra vida.

La palabra de Dios nos revela cómo es Dios, y dónde realmente está, además, nos muestra el camino para llegar a él. Veamos:

★ Dios nos da la seguridad que está cerca de nosotros (Deuteronomio 4:7).

★ Es él quien se acerca a nosotros por medio de su Hijo Jesucristo; Dios mismo nos ha acercado a la comunión con él (Efesios 2:11-18).

★ Y no sólo esto, sino que vive en nosotros con su Espíritu (Juan 14:17); viene a nosotros en su Palabra; en su cuerpo y sangre, en el Bautismo.

★ El camino para llegar a él, es nuestro Salvador Jesucristo (Juan 14:6). Hay que tener en cuenta que Juan el Bautista anunció el arrepentimiento, la confesión, y la fe en Cristo.

★ Una vez que Dios nos acerca a él, nos propone vivir en esa nueva relación, en esa nueva vida espiritual, en las que la adoración, la alabanza, la oración, son parte permanente de nuestra relación con él, y no sólo ejercicios espirituales momentáneos (Romanos 12:1).

★ Dios siempre estuvo cerca, ¿lo estuvimos nosotros? (Jeremías 12:2; Oseas 11:2-3). Nuestros pecados, los ejercicios espirituales, el pensar que todo está en nuestra voluntad, son caminos que nos alejan de Dios. Pero se puede volver. ¿Cuál es el camino? El indicado por Juan: arrepentimiento y la fe en Cristo. Esto nos dará una paz plena y duradera.

★ Romanos 5:1. Solamente por Cristo tenemos paz, armonía, equilibrio con Dios, y como consecuencia de esto, lo tenemos con nuestros semejantes y con nosotros mismos.

CONCLUSIÓN:

Dios se acerca una vez más en este Adviento / Navidad para estar con y en nosotros. Él también quiere acercarse a otros, y lo quiere hacer a través de nosotros.

Segundo mensaje: ¿Es Dios rencoroso o perdonador?
(Tercer domingo antes de Navidad)

OBJETIVO: que el oyente comprenda y se consuele en el perdón y la misericordia de Dios.

TEXTOS: Isaías 43:25; Jeremias 31:34; 50:20; Hebreos 8:12; 10:17; 1 Corintios 13:5; 1 Juan 4:8; Salmos 86:5; Efesios 2:13; 1 Juan 1:9; Miqueas 7:8; Nahúm 1:2; 1 Tesalonicenses 4:6; Romanos 12:19; Hebreos 10:30

INTRODUCCIÓN:

Intentamos traer a Dios al plano humano (como un simple ser humano más). Al hacerlo desplazamos en él nuestros defectos y debilidades.

Por un lado pretendemos "ser como Dios".

Por otro lado, intentamos traer a Dios a nuestra condición humana.

Entre esas características propias de los seres humanos encontramos el resentimiento y el rencor. El resentimiento es el producto de enojos que buscan venganza y revancha.

DESARROLLO:

¿Cuál es el resultado de tener esta imagen de Dios?

1. Ante la menor dificultad pensamos "Dios no me ha perdonado algo", aun cuando ya lo he confesado.

2. Pensamos "algo habré hecho" para que me suceda esto o aquello. O bien, si se trata de otro: "algo habrá hecho, se lo tiene merecido" (como el fariseo en el templo).

¿Qué dice la Biblia sobre este tema acerca de Dios?

✶ Isaías 43:25: Dios borra nuestros pecados y no se acuerda de ellos.

✶ Jeremías 31:34b: En el nuevo pacto perdonará y no se acordará... La sangre de Jesús es "sangre del nuevo pacto"... y Jesús es el único mediador en este pacto... (Heb 8:12; 10:17-18).

✶ 1 Juan 4:8: Dios es amor, y por lo tanto (1 Corintios 13:5-7) no guarda rencor; no se alegra de la injusticia, es benigno.

✶ Salmo 86:5 y 1 Juan 1:9: Dios es perdonador.

✶ Miqueas 7:18-19: Dios perdonador, falto de maldad, se deleita en la misericordia.

Nota: cuando Dios aparece como "vengador", es en relación a la justicia, y no como acto de rabia o rencor.

CONCLUSIÓN:

No estamos defendiendo a Dios, sino presentando lo que la Palabra nos muestra de él.

No hace falta que hagamos a Dios como un ser humano, de acuerdo a nuestro concepto. Él, sin perder su naturaleza divina, se hizo hombre y vino a salvarnos.

Confesemos su nombre con la seguridad del perdón en Cristo.

Tercer mensaje: Dios es firme, ¿o podemos manejarlo a nuestra manera?
(Segundo domingo antes de Navidad)

OBJETIVO: que el oyente comprenda que Dios, al ser justo, recto, y santo, no acepta el soborno, sino el arrepentimiento de corazón.

TEXTOS: Salmos 97:2; 119:137; 145:17; 99:9; Deuteronomio 32:4; Proverbios 15:8; Isaías 1:11ss; Jeremías 14; Amós 5:21-24; Proverbios 17:23; Mateo 5:45; Hebreos 9:23; 10:18ss; 1 Pedro 2:5; Filemón 4:18; Romanos 12:1.

INTRODUCCIÓN:

Así como muchas personas tratan de manejar las situaciones para su propia conveniencia, muchas veces sin sinceridad, con doblez, así también lo intentan con Dios. Al tratar a Dios como un simple ser humano más, obramos con la idea equivocada de que a Dios se lo puede comprar con ofrendas, sacrificios, promesas, peregrinaciones, etc.

DESARROLLO:

¿Qué consecuencias trae consigo esta idea de Dios?
Creer que Dios está para cumplir con nuestras exigencias.
Intentar negociar con Dios a través de acciones con doble sentido.
Culpar a Dios de supuestos actos de injusticia.
Desprecio por Cristo y su obra.
Intentar calmar y conformar a Dios con actos religiosos, o intentar hacer callar su Palabra (que nos acusa y revela nuestras verdaderas intenciones), o pasarla por alto según nuestra conveniencia.

¿Qué dice la Biblia?
1. Que Dios es justo, santo y recto. Conclusión: no lo podemos sobornar.
2. Que Dios pidió a su pueblo que presente sus ofrendas y sacrificios con sinceridad.
3. Que el intento de soborno es un acto de perversión de la justicia. Por lo tanto, si nosotros lo hacemos, no podemos culpar a Dios de injusto.
4. Que Dios es imparcial (Mateo 5:45).
5. Que Jesús es la ofrenda absoluta que pagó nuestro rescate, es el único pago aceptable. Si él pagó por nosotros ¿qué intentamos "pagar"?
6. Que solamente por Jesús podemos presentar nuestra adoración como parte de nuestra gratitud a Dios.

CONCLUSIÓN:

Jesús, Dios y hombre, fue sin pecado, y por eso pudo pagar con su sacrificio la deuda de nuestra desobediencia. No toma venganza sino que ocupa nuestro lugar y carga con nuestras culpas.

Aceptemos ese ofrecimiento gratuito y misericordioso de nuestro Dios, y sirvámoslo con gratitud.

Cuarto mensaje: Dios nos da libertad, ¿o nos maneja como tiene ganas?
(Primer domingo antes de Navidad)

OBJETIVO: que el oyente comprenda que Dios lo ha creado como un ser libre. Que el vivir plenamente esa libertad fue algo que se perdió con la caída. Que en Cristo, Dios vuelve a hacernos libres. Que Cristo ha nacido para darnos libertad.

TEXTOS: Génesis 2:16-17; Génesis 3; Gálatas 5:1,13; Santiago 1:13-14; 1 Corintios 6:12; 10:23; Santiago 1:25; Mateo 23:37; Lucas 4:18; Romanos 8:21; 2 Corintios 3:17; 2 Pedro 2:19

INTRODUCCIÓN:

Dios ha creado y dado al ser humano la posibilidad de elegir. Lo ha creado un ser libre, ¿pero somos realmente libres?

¿Somos libres para ir a determinado lugar?

¿Somos libres para comprar cosas? ¿Compramos lo que necesitamos o lo que nos dicen que necesitamos?

¿Somos libres para escuchar música? ¿O tenemos que escuchar lo que está de moda?

En muchas de estas cosas hay una presión (publicitaria y social) que nos impulsa a hacer, muchas veces, lo que otros quieren. Obviamente estamos convencidos de que hacemos elecciones en libertad. ¿La prueba? La cantidad de personas que, en masa, se mueven en determinadas direcciones.

¿Cómo es esa libertad en nuestra relación con Dios?

¿Nos maneja Dios como títeres? ¿Nos prohíbe justo aquello que más nos gusta? ¿Libertad es hacer lo que uno tiene ganas?

DESARROLLO:

Génesis 2:16-17: Dios no ha hecho del ser humano un autómata (maniquí, computadora), sino que le dio la capacidad de pensar, elegir entre obedecer o no.

Génesis 3: Lamentablemente, el ser humano desobedeció, y las consecuencias que Dios había anticipado, se sufren hasta el día de hoy. Por naturaleza el ser humano busca lo malo. Perdió la libertad, y es esclavo del mal. Sin embargo, cuando Dios envió a Jesús al mundo, por su muerte sustitutoria y su gloriosa resurrección nos perdonó nuestros pecados y nos restauró la libertad. Aun cuando no podíamos elegir, sino solamente lo malo, Dios eligió por nosotros la vida y la salvación, y nos la entregó gratuitamente. Ahora, en el estado de gracia gozamos de una libertad que viene a nosotros como un regalo de Dios. Así promete Jesús: "Si se mantienen fieles a mis enseñanzas, serán verdaderamente mis discípulos, y conocerán la verdad, y la verdad los hará libres" Juan 8:32. Jesús es la verdad que nos hace libres.

También San Pablo afirma en Gálatas 5:1 y 13 que Dios, a través de Cristo, nos libera de la culpa para que lo sirvamos y adoremos en libertad, y Dios restaurará plenamente esa libertad cuando estemos en la eternidad (Romanos 8:21).

2 Corintios 3:17: Donde está Dios, hay libertad, para optar por lo que es bueno.

Lucas 4:18 Jesús vino a proclamar y dar libertad al ser humano: de la muerte, del diablo, de nuestra propia inclinación a lo malo.

Santiago 1:13-14: Si afirmamos que Dios nos maneja, estaríamos haciéndolo responsable de

nuestras malas elecciones. O muchas veces recurrimos a "el diablo me hizo hacerlo", como una manera de no hacernos responsables de algún mal manejo de la libertad. Dios no lleva a nadie a hacer algo incorrecto.

1 Corintios 6:12; 10:23: Tenemos libertad para hacer lo que conviene y edifica. Si su hijo estaría dispuesto a tomar un hierro candente, ¿usted lo dejaría? Si no lo deja ¿estaría violando su "libertad"? ¿Acaso no le diría que "está caliente", que "es peligroso"; que "eso no se toca"? ¿No estaría prohibiendo lo que él "tiene ganas" o "le gusta" hacer?

Dios nos ha dado libertad porque es un Dios de libertad. Él ve con dolor cómo al no usarla correctamente nos dañamos a nosotros y a los que nos rodean.

Mateo 23:37: Jesús vino al mundo a darse por y con amor, pero no nos obliga a hacer lo que no queremos.

* Por nuestra inclinación a lo malo, no queremos saber de él.
* Él tiene que convencernos, mostrarnos la necesidad que tenemos de su amor, y llevarnos a darnos cuenta de nuestras debilidades.
* Tiene que enseñarnos a caminar en libertad.

CONCLUSIÓN:

Ser libre no quiere decir que uno siempre tiene que "andar en contra mano", sino que tiene que evaluar lo que conviene y edifica la vida cristiana.

Cuando Dios obra, no está buscando que hagamos simplemente lo que él quiere, sino lo que es conveniente para nosotros.

Y cuando nos equivocamos, está dispuesto a hacernos evaluar la situación para que crezcamos y corrijamos nuestra manera de vivir esa libertad.

Esa intención está claramente visible en la venida de Jesús para dar libertad a los oprimidos por el pecado, consecuencia terrible de una mala elección.

Mensaje para la apertura del programa de Nochebuena:
¡EMANUEL, Dios está con nosotros!

TEXTOS: Mateo 1:23; Juan 1:14; Romanos 5:8; Juan 3:16; Romanos 1:17; 1 Timoteo 2:4; 1 Pedro 2:22-24

Jesús es la respuesta a cada una de las ideas equivocadas que muchas personas tienen acerca de Dios:

* ¿Está Dios lejano? De ninguna manera. Él vino a estar con nosotros (Juan 1:14).

    Y el Verbo se hizo hombre y habitó entre nosotros. Y hemos contemplado su gloria, la gloria que corresponde al Hijo unigénito del Padre, lleno de gracia y de verdad.

* ¿Es Dios rencoroso? ¡Imposible! Él vino a ocupar nuestro lugar (Romanos 5:8).

    Pero Dios demuestra su amor por nosotros en esto: en que cuando todavía éramos pecadores, Cristo murió por nosotros.

* ¿Podemos manejar a Dios a nuestra manera? ¿Con qué objetivo? Ya no es necesario (además de imposible) (1 Pedro 1:18-19).

    Como bien saben, ustedes fueron rescatados de la vida absurda que heredaron de sus antepasados. El precio de su rescate no se pagó con cosas perecederas, como el oro o la plata, sino con la preciosa sangre de Cristo, como de un cordero sin mancha y sin defecto.

Falsos	¡EMANUEL!
1. Son dioses muertos, sin vida, a los que hay que llegar de alguna manera.	1. ¡Dios vivo! ¡Que creó y sustenta la vida! Al que no hay que llegar, porque es él el que viene a nosotros.
2. Para llegar a ellos o conseguir algo hay que cumplir con sus demandas; hay que atenderlos.	2. Él llega para dar; se ofreció a sí mismo; viene a convivir la realidad humana; atiende nuestra necesidad.
3. Dejan mensajes de procedencia extraña, dudosa y poco comprobable.	3. Dios mismo vino a traer el mensaje en la vida, la obra y las enseñanzas de Jesucristo.
4. Son solicitados para cuestiones temporales, egoístas, de satisfacción personal.	4. Es el camino a la eternidad. En su entrega, sacrificio, humildad, amor, tenemos un modelo a imitar.
5. Para llegar a ellos se necesita de preparación y superación personal.	5. Dios viene a nosotros para tratar con nosotros en nuestra situación; y desde nuestra realidad humana, fortalecernos para crecer.
6. ¡Sálvate como puedas! ¡Aguántate lo que mereces!	6. ¡Yo soy tu Salvador! ¡Yo pago y aguanto lo que tú mereces! ¡Créelo!
7. Todo termina en ellos mismos.	7. Dios viene, pero no termina allí… Él nos envía como iglesia a los seres humanos, quiere manifestarse y obrar a través de nosotros.

★ ¿Nos maneja Dios como tiene ganas? ¡Al contrario! Él vino a traer y confirmar su deseo de darnos libertad (Lucas 4:18-19).

El Espíritu del Señor está sobre mí, porque me ha ungido para anunciar buenas nuevas a los pobres. Me ha enviado para proclamar libertad a los presos y dar vista a los ciegos, para poner en libertad a los oprimidos, para proclamar el año del favor del Señor.

¡EMANUEL!... Pone en evidencia las grandes diferencias con los dioses falsos, producto de la imaginación humana.

CONCLUSIÓN:

Alegrémonos, el Señor ha venido a nosotros para que tengamos la seguridad de su presencia; el consuelo de saber que no hay cuentas pendientes con él; la paz por medio de Cristo, el privilegio de vivir en libertad.

¡Proclamemos! Vayamos a otros que necesitan al Señor y sigamos el ejemplo de Jesús: tomemos como nuestras las necesidades de los demás.

Mensajes para niños

Esta primera parte puede ser realizada el domingo anterior a la época de Adviento, o sea el quinto domingo antes de Navidad. Se puede hacer en forma de devoción durante la escuela dominical, o como un mensaje para niños durante el culto público. Después de esto los niños y jóvenes pueden hacer la encuesta con los miembros de la congregación y/o en el barrio donde viven.

Charla introductoria: Dios está cerca

EXPLICACIÓN GENERAL: El ser humano trata de imaginarse a Dios, y en su afanoso intento quita atributos o agrega características que no le corresponden a él. Por eso se cae en la idea de:

✯ Un Dios lejano, alejado de las personas y sus problemas.
✯ Un Dios resentido, rencoroso con las personas desobedientes.
✯ Un Dios manejable, al cual lo podemos hacer aparecer según nuestra conveniencia.
✯ Un Dios que nos maneja como títeres y no permite elegir.

En las cuatro devociones de adviento, guiados por la palabra de Dios, desmentiremos todas estas falsas creencias, con el fin de reconocer en la persona de Jesucristo el verdadero camino para conocer y llegar al Padre.

MATERIALES:

Realizar en un afiche dos cuadros comparativos: en uno se escribirá un cartel HOMBRE, características: buenas y malas, el otro cartel dirá DIOS, características buenas y malas. Asimismo realizar carteles con las características de ambos que se irá pegando o aplicando a medida que son mencionadas. Este afiche será utilizado en las cuatro devociones, se pueden agregar dibujos alusivos.

Tener disponible para la primera devoción revistas o libros de medicina, psicología, enciclopedia, y la Biblia.

DESARROLLO:

Para nuestro programa de Navidad vamos a distribuir invitaciones que tienen dibujado un pesebre (*mostrar la invitación*) y una frase que dice: Dios con nosotros. Estas palabras las usa San Mateo para anunciar el nacimiento del Salvador del mundo. Con esta frase queremos decirles a las personas que Dios nunca está lejos de nosotros, sino que, a través de Jesús, está siempre cerca.

Las personas tratan de imaginarse a Dios, y en su intento quitan o agregan características que no son de Dios.

¿Saben que es una característica? Es decir cómo es alguien o algo. Es decir la cualidad que distingue a una persona de algo, como por ejemplo un animal o planta. (*Desplegar el afiche y tener dispuestos los carteles.*)

Cuando decimos características buenas, hablamos de las cosas lindas y agradables de una persona. Cuando decimos características malas, hablamos de las cosas feas y desagradables de una persona.

Ahora pasaremos a completar el cuadro: (*el maestro guiará con preguntas*)

Veamos primero las características de las personas. ¿Por qué? Porque diariamente convivimos, nos vemos, nos tratamos. Además hay muchas revistas, libros y enciclopedias (*mostrarlas*) que nos dicen cómo somos las personas.

✶ Si una persona comparte sus cosas, decimos que es generosa. (*Pegar el cartel en el afiche y realizar lo mismo a medida que se menciona el resto.*)

✶ Si una persona ayuda a otra que está enferma, decimos que es servicial.

✶ Si a una persona le gusta hablar con grandes y chicos, ancianos o adultos, decimos que es simpática.

✶ Si una persona trata con amor a los demás decimos que es amorosa.

✶ Si una persona perdona a otra que le hizo algún mal, decimos que es perdonadora.

✶ Si una persona no dice mentiras, decimos que es sincera.

✶ Si una persona no comparte sus cosas, decimos que es egoísta.

✶ Si una persona piensa y hace cosas para dañar a otra, decimos que es malvada.

✶ Si una persona busca hacer daño porque lo lastimaron, decimos que es vengadora.

✶ Si una persona no quiere perdonar cuando alguien le hizo algo, decimos que es rencorosa y resentida.

✶ Si una persona hace que otros se peleen, decimos que es peleadora. (*Rever con los niños las características tanto buenas como malas.*)

Veamos ahora las características de Dios, pero los llamaremos atributos de Dios.

Para conocer a Dios debemos recurrir a la Biblia (*mostrarla*). Es el único libro que nos dice cómo es y qué hace Dios. (*El maestro leerá los textos de la Biblia y dará una breve explicación, se realizará uno a la vez e irá pegando los carteles. Tener marcado los textos en la Biblia para agilizar la lectura de los mismos*)

Dios es:

-Juan 4:24 – Espíritu. De existencia propia, sin carne y sangre. No es un fantasma.

-Salmo 90:2 – Eterno: no tiene principio ni fin y no cambia.

-Salmo 139:7-8 – Omnipresente: se encuentra presente en todos lados.

-San Lucas 1:37 – Todopoderoso: puede realizarlo todo.

-Salmo 139:1-4 – Omnisciente: conoce todas las cosas.

-Isaías 6:3 – Santo: en él no hay maldad.

-Daniel 9:7 – Justo: juzga al hombre de acuerdo a su Palabra.

-Salmo 33:4 – Verdadero: podemos confiar en sus promesas.

-Salmo 145:9 – Bueno: es el autor de todo lo bueno.

-Éxodo 34:6 – Compasivo y lleno de gracia se compadece de nosotros por nuestros pecados y nos perdona por amor de Cristo.

-1 Juan 4:8 – Dios es amor.

Un vez finalizado se revé el cuadro y se destaca que en Dios no hay nada malo.

Dios creó al hombre a su imagen, pero al pecar, en el jardín de Edén, él (Adán) quedó manchado con el pecado, así como el resto de las personas.

En las devociones vamos a ver cuatro características que las personas atribuye a Dios (se las da) y que no le corresponden. ¿Por qué? Porque no conocen a Dios. El hombre es un ser espiritual, fue creado con espíritu y necesita a Dios, por eso lo busca.

(Terminar esta introducción comentando a los niños las características equivocadas a tratar en las devociones.)

-Un Dios lejano, alejado de las personas y sus problemas.

-Un Dios resentido, rencoroso con las personas desobedientes.

-Un Dios manejable, al cual lo puedo hacer aparecer según mi conveniencia.

-Un Dios que nos maneja como títeres y no permite elegir.

Primera devoción: ¿Está Dios lejos de nosotros?

De ninguna manera. Él vino a estar con nosotros.

TEXTOS: Salmo 34:18; Salmo 145:18; Juan 14:6.

EXPLICACIÓN:
Idea falsa: un Dios lejano, alejado de nosotros, de nuestros problemas. Hay un intento inútil de llegar hasta él por medios propios.

Verdad revelada: se debe comprender que Dios, en su amor, llega hasta los seres humanos y que coloca a un único camino (Jesús) para llegar a él.

MATERIALES:
Una Biblia, afiche de cuadros comparativos, mapa o plano de una ciudad.

DESARROLLO:

(Desplegar el afiche utilizado en la devoción anterior.)

¿Cómo creen las personas que es Dios? No hablo sólo de las personas de la congregación o la misión, sino de aquellas que están en tu barrio, con las que compartes tus días en la escuela, las personas de tu pueblo o ciudad ¡las personas del mundo entero! Ya habíamos dicho que para conocer bien a Dios hay que recurrir a la Biblia.

Las personas a veces piensan que Dios es un Dios lejano, alejado de las personas, de sus problemas, de sus enfermedades, de sus dolores. Se lo imaginan en el cielo sentado en su trono, rodeado de ángeles y arcángeles que lo adoran y sirven. Eso es así porque le atribuyen una característica humana, pero vimos que Dios es omnipresente (*señalar este atributo en el afiche*) ¡él se encuentra en todos los sitios!

Por esa idea que tienen las personas de la lejanía de Dios, y de que él no se preocupa por nuestros problemas, pretenden llegar a él por sus propios medios. Dicen: ¡Si él está allá arriba yo de alguna manera tengo que llegar! Por eso hacen obras, pensando que si hacen un favor a alguien, si visitan a algún enfermo, si van al servicio dominical, si ofrendan abundantemente, estarán más cerca de Dios. Incluso si hacemos algunos ejercicios como yoga, o promesas, estas cosas nos llevarán más alto. Si quisiéramos responder a una persona que piensa y hace esas cosas Dios nos da en su Palabra lo siguiente: (*leer el Salmo 34:18 y Salmo 145:18*) Dios siempre estuvo cerca de su pueblo pero... no siempre su pueblo estuvo cerca de él.

Si pensamos un poco en los actos mencionados anteriormente diremos: ¿Qué está mal? ¿Acaso no quiere Dios que ayudemos a las personas, a los que tienen necesidad, ya sea de alimento, de ropa, a los enfermos? ¿No quiere Dios que vaya al culto dominical? Dios quiere y pide en su Palabra que hagamos esto pero no como un camino para llegar a él y estar más cerca. ¿Por qué? Porque Dios dispuso un camino especial, y ese camino es Jesucristo. Él mismo dijo "Yo soy el camino, la verdad y la vida" (*leer el texto de la Biblia, Juan 14:6*).

Ahora imaginemos que queremos salir de adentro de una ciudad grande y extraña, con edificios altos, con mucho tránsito, llena de personas que no conocemos, debemos avanzar, pues tenemos un camino que seguir, y contamos con un mapa detallado, con colores, bien ilustrado, con el nombre de las calles y los barrios (*mostrar el mapa*). Miramos nuestro mapa pero no lo leemos, lo guardamos. Nos acercamos a una persona que viene caminando y le pedimos indicaciones, esta persona nos orienta y nos dice que si hacemos y seguimos sus indicaciones encontraremos la salida, no muy convencidos acudimos a un quiosquero y preguntamos lo mismo y finalmente nos acercamos a una estación de servicio y consultamos con el muchacho que atiende. Son distintas las indicaciones, vamos de aquí para allá, nos metemos más adentro de la ciudad cuando en realidad queremos salir, y después de tantas vueltas nos encontramos en el lugar del comienzo, es allí donde tomamos el mapa, lo miramos, lo leemos con atención, seguimos las indicaciones y finalmente salimos de esta ciudad.

Esta ilustración nos hace pensar en nuestra vida, tenemos la palabra de Dios que es como un mapa y nos dice que Jesucristo es el camino al Padre, pero a veces hacemos como en la ilustración de la ciudad, preguntamos a uno y a otro, y cada uno opina a su parecer, desviándonos del verdadero camino. El enemigo de Dios quiere alejarnos de él no sólo por el trato con personas que nos orientan equivocadamente, sino también a través de programas de televisión, Internet, revistas.

Dentro de pocos días estaremos recordando el nacimiento de Jesús y ello significa que Dios siempre estuvo cerca de su pueblo. Jesús es el único camino, no hay ningún atajo para llegar al Padre, no lo despreciemos, sino que vivamos agradecidos a Dios porque él en su amor nos dio todo.

✻ Si estás triste porque en la escuela se burlan de ti por ser cristiano, díselo a Dios.
✻ Si en tu casa hay problemas porque el dinero no alcanza, díselo a Dios.
✻ Si hay peleas en tu familia que causan mucho dolor, díselo a Dios.
✻ Si hay una persona enferma a quien quieres mucho, díselo a Dios.
✻ Si eres feliz porque tienes a Jesús, díselo a Dios.

Recuerda: Dios está cerca y se preocupa por ti, ora y confíale todo, tristezas, dolores y alegrías. ¡Él te responderá!

Segunda devoción: ¿Es Dios rencoroso?
Imposible. Él vino a ocupar nuestro lugar.

TEXTOS: Isaías 43:25; Hebreos 8:12; 1 Juan 4:8; Romanos 12:19.

EXPLICACIÓN:
Idea Falsa: Un Dios resentido, rencoroso, que se deleita en hacer sentir su poder sobre los débiles seres humanos.

Verdad revelada: Comprender que Dios no actúa por resentimiento o rencor, sino que perdona y olvida nuestras maldades confesadas.

MATERIALES:
Una Biblia, láminas para ilustrar el cuento. Afiche con los cuadros comparativos.

DESARROLLO:
Hace algún tiempo atrás cuando yo era niño y escuchaba la frase ¡Había un vez! sabía que estaba ante la presencia de un cuento, ¿y a quién no le gustan los cuentos, relatos o historias?

¿Qué sensaciones tienen ustedes cuando le dicen, vamos a escuchar un cuento? Se crea un ambiente de fantasía, interés, a veces nos ponemos en el lugar de los personajes.

¿Qué cuento le gusta más, o recuerdan?

Debemos hacer una diferencia entre un cuento y una historia. El cuento es algo imaginario, no pasó, alguien lo inventó. Sirve para entretenernos, divertirnos, a veces deja una enseñanza. ¿Qué hay con las historias? Hay verdad, sucedió en realidad, nos deja una enseñanza. Jesús contó parábolas, que eran ejemplos de la vida y que dejaban una enseñanza espiritual y también enseñó cosas que fueron realidad y son realidad.

Ahora les voy a contar un cuento que lleva por título "El rey Arquímedes II, el rencoroso".

Había una vez un reino hermoso, tenía toda clase de riquezas, pues había árboles frondosos cargados de frutas, campos sembrados con trigales y maizales, ríos y arroyos, valles y montañas, sol y nieve, animales de todas las especies, bosques y mar.

Pero entre todo lo bueno y bello había algo malo que entristecía al lugar, era el rey Arquímedes II, el rencoroso.

Esto sucedió hace muchísimo tiempo, tanto tiempo que ni los vehículos existían. La gente para viajar no usaba ómnibus o taxi, lo hacía caminando, a caballo, o en lentas carretas por caminos polvorientos y bosques peligrosos. No había redes o cañerías de agua potable, por eso la gente iba hasta el arroyo y buscaba el agua para beber, bañarse o lavar la ropa. El teléfono o la cocina a gas o a electricidad no existían pero la gente era feliz, siempre y cuando el Rey Arquímedes II no estuviera resentido.

En esa época los países se llamaban reinos y todo reino tiene un castillo, todo castillo tiene un rey, todo rey está para gobernar y allí estaba Arquímedes II, el rencoroso.

La gente del pueblo conocía a su rey, sabía que un día se despertaba muy alegre, y atendía todas las necesidades del pueblo, pero otros días, y ésos eran la mayoría, el rey se despertaba malhumorado y enojado.

Dicen que una vez el rey estaba triste y mandó a llamar al bufón —era como un payaso— para que lo alegrara después de la cena. Pero por más que el bufón se esmeró con las morisquetas y los malabares al rey su cara no le cambió y enojado lo mandó a prisión. "Y no se olviden", —dijo el rey— "de poner las pesadas cadenas en sus pies".

"¡Qué comida desabrida!" —dijo el rey un día— "ni los puercos la van a querer comer". Así fue como el cocinero del castillo fue a dar a la celda con el bufón.

Parecía que el rey disfrutaba haciendo sufrir a todos en su reino y si algo salía mal siempre encontraba a quien culpar.

No sólo las personas que estaban al servicio del rey y lo atendían en el palacio sufrían los cambios de humor de él. El resto del pueblo vivía intranquilo porque no sabía qué cosas que ellos hacían pondrían de mal humor al rey, y era bien cierto que si algo no le gustaba a la celda iban a parar grandes y chicos, no tenían escapatoria.

Una mañana fría de invierno el rey se dirigió a una de las habitaciones donde se guardaban los libros del reino, y buscando sin saber qué, dio con un libro grande cuya cubierta se notaba algo vieja y además llena de polvo, lo abrió y comenzó a leer, y grande fue el asombro al ver allí todas las cosas que su padre el antiguo rey había hecho por su pueblo. Sólo se encontraban allí hechos de amor hacia el pueblo, cuando había algún problema el rey con sabiduría lo solucionaba, por supuesto siempre buscando el bien de los demás. Se decía que el pueblo amaba mucho a su rey y que deseaba que su hijo fuera igual que él, sabio, respetuoso, sencillo, humilde de corazón.

Al cerrar el libro el rey Arquímedes II no pudo contener las lágrimas. Cuán lejos estaba de lo que su padre fue y de lo que él quería que su hijo fuera. En ese mismo instante el rey Arquímedes II

decidió corregir todas las cosas malas que había hecho, se prometió a sí mismo que iba a gobernar a su pueblo de la mejor manera posible, buscando el bien de los demás y no sólo el propio.

Y como decían al finalizar un cuento: colorían colorado este cuento se ha terminado.

Las personas que no conocen a Dios, y que conocen a gente rencorosa, piensan que Dios es rencoroso y resentido.

¿Cómo es una persona rencorosa y resentida? Es una persona que está enojada siempre con alguien o con algo.

¿Se imaginan a Dios así, como el rey del cuento? Quizás nosotros no porque conocemos cómo es Dios a través de su Palabra, pero las personas que no lo conocen ¡se hace cada idea!

Sabemos que Dios es el creador de todo el universo y que él gobierna como un rey pero no como el rey del cuento, que era resentido, rencoroso y que mostraba su poder sobre el pueblo mandando a la cárcel a quien él quería.

Muchas personas piensan que las cosas malas y desagradables que le pasan y le causan dolor, disgusto y dolores de cabeza, son porque Dios los castiga por algún pecado que cometieron o porque Dios quedó resentido con ellos. "Se acordó de algún pecado y ahora lo castiga." Así piensan que cuando pierden un trabajo, cuando una tormenta destruye la cosecha, cuando el abuelo se enferma gravemente, cuando tienen un accidente, cuando se les extravía la mascota, todo esto representa un castigo de Dios.

Pero, ¿es así? Sabemos que no. Vamos a leer unos textos de la Biblia que nos dicen que Dios no actúa por rencor sino que nos perdona y olvida las cosas malas que hicimos y confesamos.

En el Antiguo Testamento encontramos en Isaías 43:25... (leer). La Palabra es clara, Dios borra todo lo malo que hicimos y no se acuerda más.

En el Nuevo Testamento encontramos en Hebreos 8:12... (leer). El autor de la Carta a los Hebreos escribe una cita que se encuentra en el Antiguo Testamento, en el libro de Jeremías, y dice que Dios nos perdona y nunca más se acuerda de nuestros pecados. Vemos así que Dios, por más que pase el tiempo, los años y los siglos, sigue siendo el mismo y mantiene su Palabra.

¿Y por qué hace todo esto? (señalar en el afiche el atributo AMOR). Por amor Dios nos perdona, aunque nosotros merecemos el castigo porque desobedecemos sus mandatos, hacemos lo malo, somos egoístas, nos peleamos y guardamos rencor en nuestro corazón, contra un hermano, nuestros padres, maestros o amigos, incluso pensamos en revancha o venganza. Dios no actúa de la misma manera que actuamos nosotros porque él es amor y el amor no es rencoso.

Cuando veamos en nuestros hogares, en los negocios, en las plazas, el pesebre preparado para esta ocasión, veámoslo como el Dios que demostró en Jesús que no es un Dios resentido y rencoroso con las personas, sino que él obra por amor. Ten la plena seguridad que cuando confiesas tus pecados Dios te perdona y olvida para siempre lo que has hecho, pensado o dicho.

Tercera devoción: ¿Podemos manejar a Dios a nuestra manera? ¡Imposible!

TEXTOS: Salmo 119:137; Salmo 145:17; Hebreos 10:8b.

EXPLICACIÓN:

Idea Falsa: Un Dios manejable, que se puede hacer aparecer y desaparecer según convenga por medio de una ofrenda generosa o cualquier otra obra.

Verdad revelada: Comprender que Dios es justo, recto y santo, no se lo puede sobornar.

MATERIALES:

Una Biblia, una muñeca articulada y un muñeco que represente un superhéroe. Afiche con los cuadros comparativos.

DESARROLLO:

(*Disponer del afiche*) Hoy vamos a ver la tercera característica: muchas personas piensan que Dios es manejable. Pero primero vamos a conversar sobre algo: Si les pregunto cuál es la actividad que más les gusta realizar y que les ocupa la mayor parte del tiempo, estoy segura que me dirán ¡jugar! Y está bien. Sí, siempre que sea en justa medida y no se descuiden otras responsabilidades, como ser: ir a la escuela, ayudar con las actividades de la casa, hacer algún mandado, cortar el pasto y otras cosas más.

De niña me agradaba mucho jugar y dentro de mis juegos se encontraba, una muñeca, (*mostrarla*). Al jugar representamos nuestro diario vivir, si teníamos que hacer alguna compra, ir al médico, cocinar papas fritas, dejar el cuarto sin ordenar. Lo interesante del juego de las muñecas es que las hacíamos realizar lo que nosotros queríamos (ellas por sí mismas no pueden decidir), cuando nos cansábamos las dejábamos ahí o las juntábamos junto a todos sus accesorios (ropa, zapatos, carteras) hasta que teníamos ganas de jugar nuevamente solos o en compañía.

Así, los niños también tienen juguetes (*mostrar el juguete*) que representan "grandes héroes" musculosos que todo lo pueden hacer: dar saltos impresionantes, patadas voladoras, derribar edificios o manejar velozmente un vehículo y siempre salir triunfantes y sin daño alguno.

Así como ustedes manejan sus juguetes, hay muchas personas que están convencidas que pueden manejar a Dios. Lo hacen aparecer y desaparecer según les conviene.

¿Y cómo lo hacen? Piensan que si necesitan algún favor de Dios van al templo o presentan una ofrenda abundante y eso permitiría que Dios obre según su voluntad.

¿Y de qué favores podríamos hablar?

Quiero tener muchos amigos ricos.

Quiero conseguir un buen empleo.

Quiero curarme de una enfermedad.

Quiero ser más bueno y responsable.

Quiero tener más dinero.

¿Cuál es el problema aquí? Las personas piensan que pueden comprar a Dios, lo pueden manejar, lo pueden sobornar a su gusto y parecer, así como se puede manejar una muñeca.

Pero esta forma de pensar y de conducirse no es de estos tiempos solamente, ya el pueblo de Dios en el Antiguo Testamento actuaba así. Veamos qué nos dice la Biblia en el libro de Amós 5:21-24 *(leer el texto)*. El pueblo pensaba que trayendo esas ofrendas iban a conformar a Dios, iban a solucionar todo lo malo que hacían y que además podrían pedirle favores a Dios y seguir con sus malas acciones. Se olvidaron que Dios no acepta esto, a Dios no se lo puede sobornar porque él es justo, santo y recto. *(Señalar en el afiche.)*

Dice en el Salmo 119:137 *(leer el texto)*, y en el Salmo 145:17 *(leer el texto)*.

Dios hace las cosas bien, no hay manera de convencerlo de que cambie de parecer.

Muchas personas a través de las ofrendas u obras pretenden comprar su perdón. Saben que no se comportan de acuerdo a la voluntad de Dios (roban, mienten, engañan a su familia, confían en los horóscopos, se emborrachan, y otras cosa más) y quieren compensar esas faltas trayendo su ofrenda. Puede suceder también que, sabiendo que están desobedeciendo, traen las ofrendas con intenciones de calmar a Dios para poder seguir pecando, seguir haciendo lo mismo.

Ellos no saben que la única ofrenda aceptada por Dios para el perdón de pecados fue el sacrificio de Jesús en la cruz. Su muerte fue el pago por nuestros pecados y el único camino que nos lleva a una relación directa con Dios. Su Palabra lo dice en Hebreos 10:18b: "¡Ya no hace falta otro sacrificio!"

Quizás alguna vez hayas escuchado que una persona tuvo que pagar por segunda vez una deuda porque la primera vez no le dieron un documento, recibo o constancia de que efectuó el pago. Esas cosas suelen suceder entre las personas pero Dios no actúa así. Al ser un Dios justo aceptó el sacrificio de Jesús que fue de una sola vez y para siempre y no reclama algún pago adicional o interés. Ya no son necesarios ni los sacrificios ni las obras, sino que ahora cambiamos sacrificio por servicio a los demás por amor a él.

En esta Navidad recuerda que al ayudar a alguna persona necesitada, estarás prestando un servicio a Dios pero no con la intención de recibir o cambiar por algo, sino porque Jesús nació para ofrecerse él mismo como una ofrenda, y nosotros estamos invitados a imitarlo.

Cuarta devoción: ¿Nos maneja Dios como tiene ganas?
Al contrario, él vino a traer y a confirmar su deseo de que vivamos en libertad.

TEXTOS: Gálatas 5:1; Gálatas 5:13; Santiago 1:25.

EXPLICACIÓN:

Idea falsa: un Dios que no permite elegir; que nos maneja como títeres y que prohíbe justo lo que nos gustaría hacer.

Verdad revelada: comprender que Dios promete libertad a las personas que se mantienen fieles a sus enseñanzas (ver Juan 8:32). Así lo afirman Gálatas 5:1 y Gálatas 5:13.

MATERIALES:

Afiche con cuadros comparativos. Biblia. Un letrero con: Prohibido nadar, aguas profundas. Otro letrero con: Peligro. Aguas profundas. No nadar. Confeccionar afiche con los Diez Mandamientos.

DESARROLLO:

Iniciar la devoción con las siguientes preguntas a los niños:

¿Cuáles son las actividades que les gustaría realizar pero se las prohíben? (*Anotar las respuesta en un pizarrón o afiche.*)

¿Porque no las realizan? (*Ir señalando en el afiche las respuestas dadas por los niños, por ejemplo: ¿Por qué no corto naranjas del árbol del vecino? ¿Por qué no me llevo una bicicleta que está en la vereda de mi casa y tanto me gusta? ¿Por qué no me llevo unas golosinas sin pagar? Respuestas probables: Mis padres se enojarían, podría lastimarme, iría preso, mi vida estaría en peligro.*)

¿Por qué sus padres se las prohíben? (*Respuestas probables: ellos nos cuidan, protegen, aman, desean lo mejor para nosotros, nos enseñan las cosas que están bien y las que están mal.*)

Imaginemos que vamos en bicicleta con nuestros amigos por un bosque, es una tarde de verano, hace mucho calor y lo sentimos más, porque hicimos carreras para ver quién era el más veloz entre nosotros, una carrera con obstáculos porque el sendero es pedregoso, hay desniveles y uno que otro árbol caído. En esa situación llegamos hasta un hermoso lago de aguas azules, tranquilas y muy tentadoras, sería muy refrescante darse un chapuzón, una zambullida, pero hay un letrero que dice PROHIBIDO NADAR, AGUAS PROFUNDAS. (*Mostrar el letrero.*) ¿Qué harían ustedes en esa situación? (*Escuchar las respuestas de los niños.*)

Sabemos que el letrero está allí para protegernos, si el lago sería un lugar seguro no existiría el cartel ¿no les parece? Lo más adecuado en esa situación es no meterse en al agua e irse, ¿por qué? Porque al quedarnos caeríamos en la tentación de entrar al agua, pensaríamos ¿será cierto? ¡Están exagerando! ¡Todos sabemos nadar! ¡No va a pasar nada!

Causaría la misma impresión si el cartel diría PELIGRO, AGUAS PROFUNDAS. NO NADAR. (*Mostrar el cartel.*) Sí, estas dos palabras, PELIGRO y PROHIBIDO, nos están indicando que debemos estar alertas, porque algo que podríamos hacer o decir no sería para nuestro bien o el de los demás.

En la palabra de Dios figuran muchos carteles, como los de la ilustración que nos dicen cuidado, peligro, no lo hagas, y están allí para protegernos. Pero muchas personas piensan que a través de esos carteles Dios justo prohíbe las cosas que a ellos les gustaría hacer. Que Dios no permite elegir

sino que nos maneja a grandes y a pequeños como a títeres. ¿Conocen los títeres o marionetas? Son muñecos hechos de tela u otro material, a los cuales se los maneja con la mano o con cuerdas para representar alguna acción. ¿Somos nosotros marionetas en las manos de Dios? Claro que no. En la palabra de Dios se nos dice que Dios nos ha dado libertad, nos da la posibilidad de elegir, y que a él le duele cuando no usamos adecuadamente nuestra libertad y nos dañamos a nosotros y a las personas que nos rodean, nuestra familia, nuestros amigos, nuestros vecinos. Habíamos señalado al comienzo de nuestras devociones que Dios creó al hombre a su imagen y le dio libertad, pero el hombre eligió mal, desobedeció y quedó manchado con el pecado. Pero Dios en su amor actuó. Escuchemos qué dice Gálatas 5:1 (*leer el texto*).

Jesús nos hizo libres para que vivamos así, en libertad. Pero también debemos escuchar muy atentos lo que nos dice Gálatas 5:13 (*leer el texto*).

Dios nos llamó a ser libres pero no debemos usar esta libertad como excusa para hacer lo malo. Seguramente en más de una ocasión escuchamos a grandes y a pequeños decir ¡Yo soy libre, hago lo que quiero y cuando quiero! ¿Por qué es así? ¿Por qué ellos piensan y actúan así? Porque no comprenden realmente qué es vivir en libertad. Si recurrimos a la palabra de Dios, veremos en el libro de Santiago 1:25 que nos dice... (*leer el texto*).

Si ponemos toda nuestra atención en la palabra de Dios y la obedecemos siempre, seremos felices en todo lo que hagamos. ¿Por qué en la palabra de Dios? ¿No puede ser otro libro? No, no puede ser, porque en ella –la Biblia– encontramos entre otras cosas buenas para nosotros, los diez mandamientos que nos indican cómo vivir en libertad. (*Mostrar el afiche con los mandamientos.*) Para ello nos es necesario saber cuáles son esos mandatos, y no sólo saberlos sino cumplirlos. Los diez mandamientos se resumen en una sola palabra: AMOR, amor a Dios y a las personas que nos rodean. Y partiendo de la verdad de que Dios nos ama y envió a Jesús para que en él tengamos libertad es muy difícil pensar en que Dios nos maneja como títeres o no nos deja hacer "justo lo que más quisiéramos".

Te invito a compartir estas verdades que estuvimos estudiando con la guía de la palabra de Dios, con todas aquellas personas grandes y pequeñas que tienen una idea equivocada de él. Así, muchos podrán alegrarse y conocer el verdadero camino a Dios, Jesús, aquél que nació en un pesebre hace muchos años en un pueblo llamado Belén.

Programa de Nochebuena

CANTO CONGREGACIONAL

Tema 1 - ¿Está Dios lejos?

> En la página 32 se lista el material que se necesitará para todas las escenas. Para representar la primera escena se necesitarán seis niños; de los cuales uno será un viajero con una mochila grande, los cinco restantes serán transeúntes. En todas las escenas no hay diálogo entre los personajes. Escenografía: Sobre el telón de fondo dibujar, pintar o pegar, la silueta de una ciudad. Sobre el escenario disponer cajas grandes forradas que representan casas, edificios de departamentos, torres, etc.; un banco de plaza.

Ingresa el viajero por el pasillo del salón, sube al escenario y observa la ciudad.
Se abre el telón, durante el canto, y el escenario ya dispuesto para la escena.

Relator: ¿Está Dios lejos? Después de caminar durante muchos días y recorrer interminables kilómetros, un viajero llega hasta la gran ciudad, deseoso de dar alivio a sus espaldas, de esa mochila cargada de cuanta cosa pueda necesitar un caminante, y que a esa altura, pesaba muchas veces más. Sus pies cansados, doloridos, al igual que el resto de su cuerpo necesitaban reposar.

(Música. Nota: Para estos intermedios, se pueden usar las pistas de las canciones que aparecen en el disco compacto de este programa.)

Ingresan los transeúntes al escenario y caminan en distintas direcciones, los participantes realizarán las acciones según el relato.

Relator: Durante un tiempo el viajero permaneció allí. Cuando sintió que sus fuerzas se habían recuperado, decidió retomar su camino, pero grande fue su decepción cuanto al preguntar por la forma de salir de la ciudad, todas las personas le indicaban de manera diferente, otros, directamente no sabían darle una respuesta; intentó tomar distintas direcciones, hacia el norte, hacia el sur, pero cada vez estaba más confundido. Desalentado, se sentó en la vereda, tratando de ordenar sus ideas, de pronto observó un papel amarillento que sobresalía de su mochila, sin pensarlo dos veces, extrajo el papel y de pronto recordó que él llevaba entre sus cosas un plano de aquella ciudad ¡qué alivio! Había olvidado ese gran detalle, ahora sí podía retomar el camino y encontrar la salida. ¡Tan cerca estaba la solución de sus problemas! (*Música.*)

Se cierra el telón.

(Fondo musical o canto congregacional a elección).

Para representar la segunda escena se necesitarán cinco niños distribuidos sobre el escenario para realizar las siguientes acciones que sugiere el relato.

Escenografía: se agrega a la anterior un silla y una mesa, pequeñas, para la tarotista, un mazo de cartas, una estatua ante la cual se inclina un niño, una alfombra sobre la que se sentará otro niño en posición yoga, una estantería con libros de autoayuda, cuya vendedora ofrece; un niño caminando de rodillas. Mientras se realiza el relato se proyectará una luz de reflector para destacar cada personaje.

Se sugiere para las lecturas bíblicas una voz masculina.

Se abre el telón.

Relator: ¿Cuántas personas se encuentran espiritualmente desorientadas, confundidas, mal informadas, en busca de la verdad, la seguridad, la paz?

La sociedad en la que vivimos ofrece muchos caminos para llegar a Dios, como la meditación trascendental, la reencarnación, la búsqueda de la luz interior que se encuentra en el propio esfuerzo, el cumplimiento de promesas, la adoración de imágenes o a un dios propio. Esas personas cuanto más cosas hacen, cuanta más confianza depositan en sus sacrificios personales, más sienten que tienen que seguir haciéndolos porque para ellos Dios está muy lejos, es inalcanzable.

La Biblia dice con claridad en el Salmo 145:18-19: "El Señor está cerca de quienes lo invocan, de quienes lo invocan en verdad. Cumple los deseos de quienes le temen; atiende a su clamor y los salva." También el Salmo 34:18 dice: "El Señor está cerca de los quebrantados de corazón, y salva a los de espíritu abatido." Y el Salmo 119:151 dice: "Tú, Señor, también estás cerca, y todos tus mandamientos son verdad."

Cuando Israel iba por el desierto, rumbo a Canaán Dios estaba muy cerca de ellos tanto de día como de noche cuidándolos, alimentándolos, amándolos intensamente, pero cada vez que podían ellos le daban la espalda a Dios y se inclinaban ante dioses de fabricación propia. ¿Es Dios el que está lejos o es el hombre el que se aleja por su propia cuenta? ¿No somos todavía como el pueblo de Israel vagando por el mundo?

Se cierra el telón. Mientras se realizan las lecturas bíblicas se dispone sobre el escenario un atril con una Biblia abierta.

LECTURA DE PORCIONES BÍBLICAS

Oseas 11:1-3 "Desde que Israel era niño, yo lo amé; de Egipto llamé a mi hijo. Pero cuanto más lo llamaba, más se alejaba de mí. Ofrecía sacrificios a sus falsos dioses y quemaba incienso a las imágenes. Yo fui quien enseñó a caminar a Efraín; yo fui quien lo tomó de la mano."

Deuteronomio 4:7 ¿Qué otra nación hay tan grande como la nuestra? ¿Qué nación tiene dioses tan cerca de ella como lo está de nosotros el Señor nuestro Dios cada vez que lo invocamos?

Relator: El viajero tenía un plano abandonado en su mochila, y con él pudo encontrar el camino.

(Se abre el telón y se enfoca la luz sobre la Biblia.) El pueblo de Dios también tiene un plano que describe desde principio a fin cuál es el camino que lleva a la paz, la seguridad, la libertad, y el perdón. Al plano lo llamamos Biblia y al camino, Jesús, como leemos en la Palabra en Juan 14:6: "Yo soy el camino, la verdad y la vida –le contestó Jesús–. Nadie llega al Padre sino por mí." Tan cerca está Dios de nosotros que se hace presente para hablarnos a través de su Palabra, que viene a nosotros a través de la Santa Cena, que vive y está en nosotros con su Espíritu Santo.

Se cierra el telón.

CANCIÓN 1: CON LAZOS DE TERNURA

Tema 2 - ¿Un Dios resentido?

> **ELEMENTOS NECESARIOS:** proyector de fotografías. Imágenes en "power point", pantalla, fotografías de revistas que reflejen fenómenos naturales y dramas sociales acordes al relato. Con una cámara digital pueden tomar sus propias fotos del barrio o la ciudad donde viven, que muestre escenas de desolación y abandono.
>
> En el caso de no disponer de estos elementos se sugiere confeccionar afiches o láminas que hagan alusión a estos temas que serán explicados por los niños.

Relator: ¿Está Dios resentido con nosotros? En los tiempos que estamos viviendo somos testigos de grandes catástrofes que conmocionan a nuestro planeta, el tsunami, Wilma, Katrina *(Agregar imágenes de la zona que reflejen situaciones similares)*; son nombres que nos suenan familiares. Estas imágenes nos han dejado entre atónitos e incrédulos por lo que veíamos.

Se abre el telón y se apagan las luces para proyectar las imágenes, con música de fondo. La pantalla puede estar en el escenario. Finalizada la proyección se cierra el telón y continúa el relato.

Relator: Escuchamos decir entre la gente que Dios se está desquitando con el débil ser humano, que está descargando su furia sobre las personas, que está resentido, que es rencoroso, que está enojado, otros piensan que Dios está castigando la maldad, que perdona pero no olvida, por eso pasan tantas cosas, pero su Palabra es muy clara:

Jeremías 31:34 "Yo les perdonaré su iniquidad, y nunca más me acordaré de sus pecados."

Miqueas 7:18 "¿Qué Dios hay como tú, que perdone la maldad y pase por alto el delito del remanente de su pueblo? No siempre estarás airado, porque tu mayor placer es amar."

Isaías 43:25 "Yo soy el que por amor a mí mismo borra tus transgresiones y no se acuerda más de tus pecados."

¿Acaso el creador está cortando los árboles en forma indiscriminada, destruyendo las selvas y bosques, quemando los bosques, dañando el ecosistema? ¿Acaso es el creador que fumiga con productos químicos que contaminan aire, suelo y ríos, eliminando especies y rompiendo el equilibrio? ¿Acaso es el creador quien ha provocado el efecto invernadero que a su vez ocasiona los huracanes y deshielos? ¿Acaso el creador es el que arroja todo tipo de basura, quemando plásticos, gomas, nylon? ¿Acaso el creador no bendice lo suficiente para que todos estemos satisfechos, vestidos y con salud? Dios lo creó todo perfecto y lo hizo por amor, es el hombre el causante de este daño a la naturaleza, por su avaricia, ambición de poder, por egoísmo, por administrar mal los recursos que Dios le dio.

Dios no tiene características humanas, no es rencoroso ni vengativo, Dios es amor como leemos en **1 Corintios 13:5**: "[El amor] no se comporta con rudeza, no es egoísta, no se enoja fácilmente, no guarda rencor."

Y en el **Salmo 86:5**: Tú, Señor, eres bueno y perdonador; grande es tu amor por todos los que te invocan."

En **1 Juan 1:9** dice: "Si confesamos nuestros pecados, Dios, que es fiel y justo, nos los perdonará y nos limpiará de toda maldad."

CANCIÓN 2: ES TODO AMOR

REFLEXIÓN A CARGO DEL LÍDER (PASTOR O RELATOR)
Bosquejo (ver p. 12):
Hay actitudes en nosotros que delatan lo que hay dentro de cada uno, desde un simple papel tirado al piso, (irresponsablemente, muestra de egoísmo), hasta la destrucción en masa, o a gran escala (orgullo, codicia, etc.).
- Somos administradores de Dios, pero no siempre actuamos con responsabilidad, cometemos atropellos, omitiendo el cuidado y la atención a la creación.
- Cuando las cosas no marchan como tienen que marchar, salimos a buscar un responsable, que muchas veces termina siendo Dios mismo. Pero no es más que nuestra propia responsabilidad en la mala administración: de nuestra familia, de nuestra vida, de la comunidad en la que vivimos, de la creación de Dios.
- Pero Dios, a pesar de esto, escucha y perdona el corazón arrepentido, trayendo paz, para que podamos hacer una buena administración.
- Jesús trae paz para que haya armonía con nosotros mismos, con Dios, con los demás, con la creación.

MOMENTO DE CONFESIÓN Y ORACIÓN

CANTO CONGREGACIONAL

Tema 3 - ¿Podemos manejar a Dios a nuestra manera?

> Escenografía ídem escena 1.
> **ELEMENTOS:** Una cruz.
> **PARA REPRESENTAR:** 2 mimos y 5 niños con necesidades de alimento, sed, consuelo, curación de heridas, abrigo. Se necesitarán además dos relatores, A y B.
> Vestimenta de los mimos: pantalón oscuro, camisetas rayadas, guantes blancos, recoger el cabello debajo de una gorra, y caras pintadas de blanco (se puede utilizar una crema humectante agregándole colorante blanco para tortas).
> Recordar que los mimos no hablan, simplemente realizan las acciones con gestos exagerados, lo cual demandará bastante práctica.

Mimo 1 y 2 se encuentran y se saludan.

Relator A, (Mimo 1): ¿Cómo estás?

Relator B, (Mimo 2): Y... más o menos, no me va tan bien, ya ves, no llueve y mis campos no producen, voy a perder mi cosecha, con sacrificio he venido a traer una ofrenda para Dios, a ver si así perdona mi pecado y me ayuda.

Relator A, (Mimo 1): ¡Cuidado! A Dios no lo puedes comprar, acuérdate lo que él mismo dice en su Palabra cuando el pueblo de Israel fue desobediente y quiso sobornarlo con sus ofrendas y sacrificios.
Amós 5:21-24 "Yo aborrezco sus fiestas religiosas; no me agradan sus cultos solemnes. Aunque me traigan holocaustos y ofrendas de cereal, no los aceptaré, ni prestaré atención a los sacrificios de comunión de novillos cebados. Aleja de mí el bullicio de tus canciones; no quiero oír la música de tus cítaras. ¡Pero que fluya el derecho como las aguas, y la justicia como arroyo inagotable!"

Relator B, (Mimo 2): Pero, ¿y si le doy una ofrenda más grande? Seguro que me va a escuchar, y voy a venir siempre a los cultos.

Relator A, (Mimo 1): Dios no quiere que le des de lo tuyo a cambio de su favor. (*Toma la cruz en sus manos.*) Recuerda que Jesús es la ofrenda que se entregó en sacrificio una sola vez y para siempre para limpiarnos del pecado que nos separaba de Dios, ya no son necesarios los sacrificios sino que ahora cambiamos sacrificio por servicio a los demás y por amor a él.

Relator B, (Mimo 2): ¿Y cómo?

(*Con música de fondo ingresan los niños de a uno manifestando sus necesidades, que serán atendidas por el mimo 1, en tanto el otro observa y lo acompaña en las dos últimas acciones. Simulará dar un vaso de agua al sediento, extenderá una manta para cubrir al que tiene frío, etc. Se cierra el telón para dar lectura a los textos bíblicos.*)

Mateo 25:40 "Les aseguro que todo lo que hicieron por uno de mis hermanos, aun por el más pequeño, lo hicieron por mí."

1 Juan 3:16-18 "En esto conocemos lo que es el amor: en que Jesucristo entregó su vida por nosotros. Así también nosotros debemos entregar la vida por nuestros hermanos. Si alguien que posee bienes materiales ve que su hermano está pasando necesidad, y no tiene compasión de él, ¿cómo se puede decir que el amor de Dios habita en él? Queridos hijos, no amemos de palabra ni de labios para afuera, sino con hechos y de verdad."

CANCIÓN 3: COMO OFRENDA VIVA

Tema 4 - ¿Un Dios que nos maneja?

PERSONAJES: dos marionetas, un titiritero, un auxiliar para cortar los hilos y tres niños.
ELEMENTOS: una mampara de fondo oscuro, un par de maderas en cruz a las que se atarán los hilos que manejarán las marionetas (niños), hilo blanco, una planta o un árbol confeccionado en cartón con frutas, una gomera (tirapiedras), una mochila, una bicicleta (o helado, golosina, etc.), una tijera.
DESCRIPCIÓN: Los niños, que serán marionetas, se ubicarán delante de la mampara, con sus manitos atadas con los hilos que sostendrá el titiritero que se encuentra detrás de la misma, junto con el auxiliar.

Escena inicial:
Se abre el telón, con música de fondo, las marionetas simulan conversar entre ellas. Una de las dos sostiene entre sus manos una gomera (tirapiedras).
⊗ *Primer movimiento: la marioneta simula tirar una piedra con la gomera. En el mismo instante el titiritero tira los hilos hacia atrás frenando la acción.*
⊗ *Segundo movimiento: una de las marionetas invita a robar una fruta del árbol. Cuando extiende su mano, el titiritero nuevamente frena la acción.*
⊗ *Tercer movimiento: pasa un niño con una mochila, la marioneta intenta tomarla, se frena nuevamente la acción por los hilos.*
⊗ *Cuarto movimiento: pasa otro personaje con una bicicleta o algún otro elemento de los sugeridos, que provoque tentación. Una vez más el titiritero frustra la acción.*
Las marionetas quedan con las manos caídas en actitud de desaliento.

Relator: ¿Dios no te da libertad para actuar? ¿No te deja hacer lo que quieres? ¿Te prohíbe lo que más te gusta? ¿Eres una marioneta en sus manos?

¿Alguna vez se pusieron a pensar por qué las madres de los niños pequeños dicen "no" cuando intentan meter sus deditos en algún enchufe, o se quieren trepar a las sillas, o se agarran del mantel para pararse, o juegan con las perillas de la cocina, o salen corriendo hacia la calle sin mirar? ¿Crees que son madres que no les dan libertad a los niños porque no les dejan hacer lo que ellos quieren? Lo que en realidad estas mamás están haciendo es poner los límites para que, dentro de esos límites, sus hijos puedan moverse con total libertad, puedan elegir hacer lo que quieran porque nada les va a hacer daño, traspasar lo límites significa correr peligro.

Del mismo modo actúa Dios cuando pone los límites para nuestro beneficio, para que no nos perjudiquemos ni dañemos a nuestro prójimo, nos da la libertad de elegir: vivir conforme a su voluntad teniendo en cuenta sus mandamientos, o salirnos de los límites. No podemos hacer responsable a Dios de nuestra elección.

Salmo 119:44-45 "Por toda la eternidad obedeceré fielmente tu ley. Viviré con toda libertad, porque he buscado tus preceptos."

(Aquí se cortan los hilos, los niños quedan en libertad y se cierra el telón.)

Proverbios 19:16 "El que cumple el mandamiento cumple consigo mismo; el que descuida su conducta morirá."
Gálatas 5:1 "Cristo nos libertó para que vivamos en libertad. Por lo tanto, manténganse firmes y no se sometan nuevamente al yugo de esclavitud."
Santiago 1:13 "Que nadie, al ser tentado, diga: 'Es Dios quien me tienta.' Porque Dios no puede ser tentado por el mal, ni tampoco tienta él a nadie."
1 Corintios 10:23 "'Todo está permitido', pero no todo es provechoso. 'Todo está permitido', pero no todo es constructivo."

CANCIÓN 4: TU LIBERTAD

Tema 5 - ¡Emanuel! Dios con nosotros

CANTO CONGREGACIONAL

> Entre tanto, se prepara el escenario del nacimiento. Sobre un fondo oscuro pegar estrellas, ubicar palmeritas. Una choza hecha con cañas y pajas, un pesebre, un fogón, siluetas de animales confeccionadas en cartón. En el caso de que haya muchos niños se completa la escena con ángeles y pastores.

Todos los personajes entrarán por el pasillo del salón para ubicarse en el escenario.
En el caso que el canto congregacional no sea suficiente para el desarrollo de estas acciones, se puede poner música de fondo.

Relator: En esta celebración de la Navidad recordamos que el niño del pesebre es la respuesta a nuestras ideas propias de Dios, ideas que muchas veces son muy diferentes a las que Dios mismo revela en su Palabra.

Emanuel, Dios con nosotros. Leemos en **Mateo 1:18-24**: "El nacimiento de Jesús, el Cristo, fue así: Su madre, María, estaba comprometida para casarse con José, pero antes de unirse a él, resultó que estaba encinta por obra del Espíritu Santo. Como José, su esposo, era un hombre justo y no quería exponerla a vergüenza pública, resolvió divorciarse de ella en secreto. Pero cuando él estaba considerando hacerlo, se le apareció en sueños un ángel del Señor y le dijo: 'José, hijo de David, no temas recibir a María por esposa, porque ella ha concebido por obra del Espíritu Santo. Dará a luz un hijo, y le pondrás por nombre Jesús, porque él salvará a su pueblo de sus pecados.' Todo esto sucedió para que se cumpliera lo que el Señor había dicho por medio del profeta: 'La virgen concebirá y dará a luz un hijo, y lo llamarán Emanuel' (que significa 'Dios con nosotros'). Cuando José se despertó, hizo lo que el ángel del Señor le había mandado y recibió a María por esposa."

Desde el comienzo de los tiempos Dios estuvo cerca, atento a todas las necesidades de su pueblo, de todos aquellos que invocasen su nombre, pero tuvo que hacerse visible. Él, que es Espíritu, adoptó forma humana para enseñarnos a amar, a servir, a perdonar, a ser en persona lo que no comprendíamos.

¿Puede este Dios santo, generoso, entregarse a sí mismo si nos guardase rencor, si fuera venga-

tivo y nos manejara a su antojo? Emanuel: Cristo, Jesús, Señor, Salvador, Dios Fuerte, Padre Eterno, Príncipe de Paz, es la imagen visible del Dios invisible.

Celebremos la Navidad ¡Dios está con nosotros! Adorémoslo con corazón sincero y agradecido.

CANCIÓN 5: EMANUEL

OFRENDA

Cantar una selección de villancicos tradicionales para levantar la ofrenda.

BENDICIÓN

Manualidades para la escenografía

TEMA UNO: Sobre el telón del fondo dibujar, pintar o pegar, la silueta de una ciudad. Sobre el escenario disponer cajas grandes forradas que representan casas, edificios de departamentos, torres, etc.; un banco de plaza.

TEMA DOS: Confeccionar afiches o láminas que hagan alusión a estos temas que serán explicados por los mismos niños.

TEMA CUATRO: Confeccionar un árbol en cartón, con frutas.

TEMA CINCO: Hacer estrellas en papel o cartón. Choza, pesebre, fogón, siluetas de animales para disponer el lugar del nacimiento.

Con lazos de ternura

E. L. H. H.   Erna Leonor H. de Habringer

1 En-cien-de ca-da dí-a el sol y su ca-lor, te
¿Le das gra-cias por e-so, te a-cuer-das que es-tá a-hí? cui-
2 En-vió su Hi-jo al mun-do pues tan-to él nos a-mó. Nos
Co-no-ce tu a-le-grí-a, tu pe-na y tu do-lor, tam-

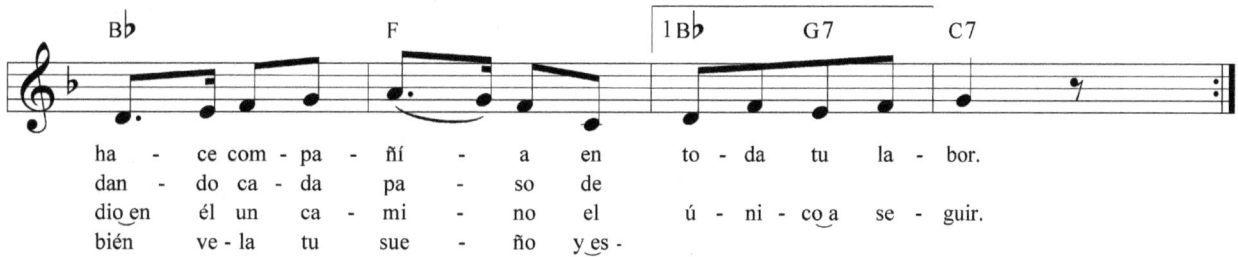

ha-ce com-pa-ñí-a en to-da tu la-bor.
dan-do ca-da pa-so de
dio en él un ca-mi-no el ú-ni-co a se-guir.
bién ve-la tu sue-ño y es-

nues-tra vi-da a-quí.   Con la-zos de ter-nu-ra, con cuer-das de a-
pe-ra tu o-ra-ción.

mor Nos cui-da y sos-tie-ne, cer-ca-no el Dios crea-dor.

Os 11:4

Es todo amor

E. L. H. H.
Erna Leonor H. de Habringer

Es todo amor, no guarda rencor,
vive confiado cerca de Dios.

1 Su voz escucha que dulcemente te está diciendo: ¡Invócame! Si estás cargado por tus pesares, llama a Jesús y pide perdón.

2 Él te promete que te perdona y todo olvida, confía en él. Al mar profundo echa tus males, porque él es bueno, justo y fiel.

Jer 31:34b
Heb 8:12
Sal 86:5

Como ofrenda viva

Tu libertad

E. L. H. H.
Erna Leonor H. de Habringer

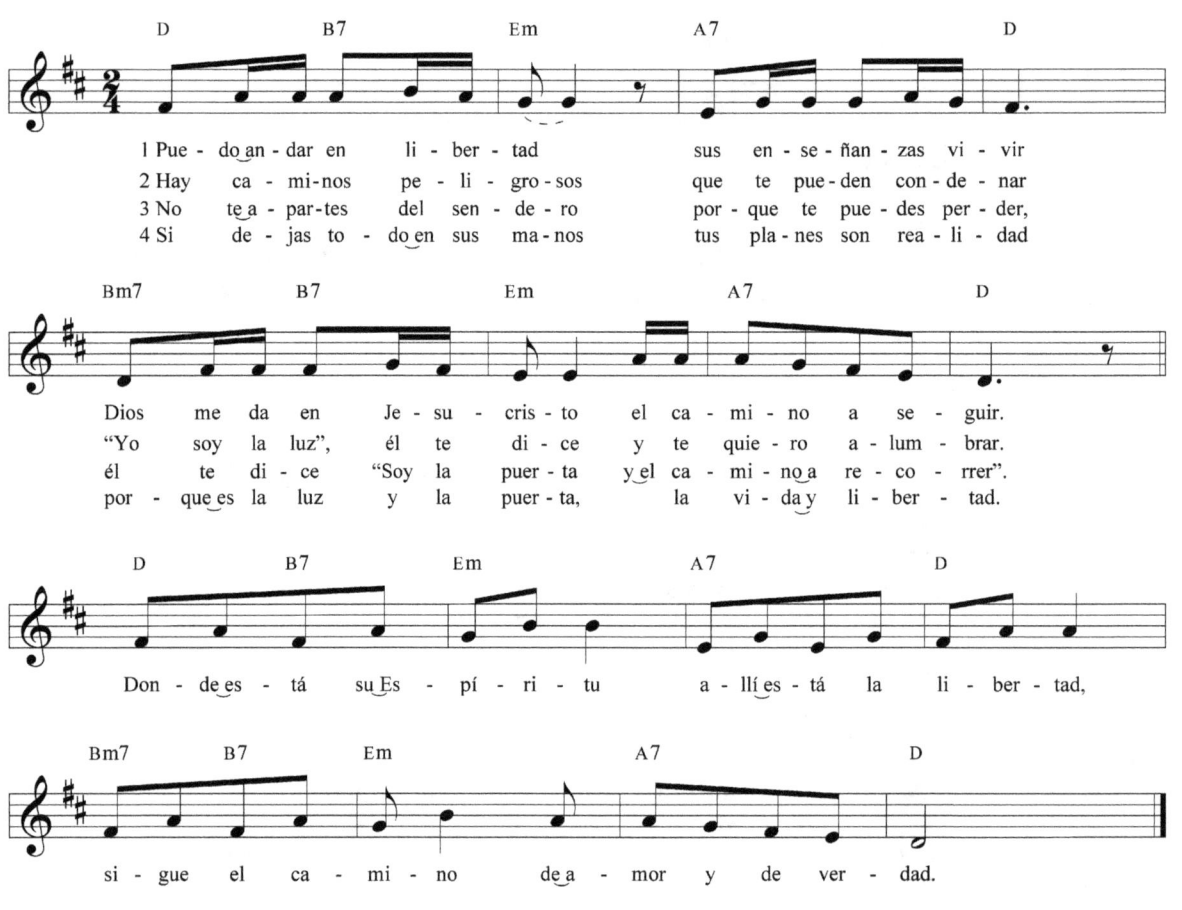

1 Puedo andar en libertad   sus enseñanzas vivir
2 Hay caminos peligrosos   que te pueden condenar
3 No te apartes del sendero   porque te puedes perder,
4 Si dejas todo en sus manos   tus planes son realidad

Dios me da en Jesucristo el camino a seguir.
"Yo soy la luz", él te dice y te quiero alumbrar.
él te dice "Soy la puerta y el camino a recorrer".
porque es la luz y la puerta, la vida y libertad.

Donde está su Espíritu allí está la libertad,
sigue el camino de amor y de verdad.

2Co 3:17
Sal 119:44-45

Emanuel

E. L. H. H.
Erna Leonor H. de Habringer

1. Con lazos de ternura

**Con lazos de ternura,
con cuerdas de amor
Nos cuida y sostiene,
cercano el Dios creador. (Bis)**

1. Enciende cada día
el sol y su calor,
te hace compañía
en toda tu labor.

2. ¿Le das gracias por eso,
te acuerdas que está ahí?
cuidando cada paso
de nuestra vida aquí. (Est.)

3. Envió su Hijo al mundo
pues tanto él nos amó.
Nos dio en él un camino
el único a seguir.

4. Conoce tu alegría,
tu pena y tu dolor,
también vela tu sueño
y espera tu oración. (Est.)

2. Es todo

**Es todo amor, no guarda rencor,
vive confiado cerca de Dios. (Bis)**

Su voz escucha que dulcemente
te está diciendo: ¡Invócame!
Si estás cargado por tus pesares,
llama a Jesús y pide perdón.

Es todo amor…

Él te promete que te perdona
y todo olvida, confía en él.
Al mar profundo echa tus males,
porque él es bueno, justo y fiel.

Es todo amor…

3. Como ofrenda

**Como ofrenda viva,
quiero ser para mi Señor,
consagrar mi vida a él
para servir con amor.**

Si tu don es enseñar,
la Palabra estudia,
muchos tú encontrarás
que esperan con ansiedad. (Est.)

Si tu don es animar
a los que están tristes,
consuelo les puedes dar
y la paz que Dios nos da. (Est.)

Si tú puedes presidir
a otros hermanos
con responsabilidad
cumple tu actividad. (Est.)

Si tu don es el de dar
a los que no tienen,
hazlo con humildad
con alegría y bondad. (Est.)

REPRODUCIDO CON PERMISO

4. Tu libertad

Puedo andar en libertad
sus enseñanzas vivir
Dios me da en Jesucristo
el camino a seguir.

**Donde está su Espíritu
allí está la libertad,
sigue el camino
de amor y de verdad.**

Hay caminos peligrosos
que te pueden condenar
"Yo soy la luz", él te dice
y te quiero alumbrar. (Est.)

No te apartes del sendero
porque te puedes perder,
él te dice "Soy la puerta
y el camino a recorrer". (Est.)

Si dejas todo en sus manos
tus planes son realidad
Porque es la luz y la puerta,
la vida y la libertad. (Est.)

5. Emanuel

Imagen visible es de Dios,
perfecto en todo es Jesús,
consigo nos trajo él su paz,
llenó nuestra vida de su luz.

Dios es con nosotros Emanuel
su Espíritu aviva nuestra fe,
para que podamos proclamar
que vida y verdad hay sólo en él.

REPRODUCIDO CON PERMISO

Reproducibles - Encuestas
Ver la explicación del uso de la encuesta, p. 6

Encuesta: ¿Qué idea tiene usted de Dios?

1.
- ☐ Dios está cerca, a su lado, atiende sus necesidades.
- ☐ Usted necesita hacer algo para sentirse cerca de él.
- ☐ Dios está lejos de usted y de sus problemas.
- ☐ Usted tiene que hacer alguna promesa para que Dios le responda.

2.
- ☐ Dios perdona y olvida.
- ☐ Dios perdona pero no olvida.
- ☐ Dios está resentido con las personas.

3.
- ☐ Dios es justo.
- ☐ Usted tiene que cumplir con él para que le vaya bien.
- ☐ Por amor Dios todo lo permite.

4.
- ☐ Dios le da libertad y respeta sus decisiones.
- ☐ Dios lo maneja como a una marioneta.
- ☐ Dios le prohíbe justo lo que más le gusta.

Encuesta: ¿Qué idea tiene usted de Dios?

1.
- ☐ Dios está cerca, a su lado, atiende sus necesidades.
- ☐ Usted necesita hacer algo para sentirse cerca de él.
- ☐ Dios está lejos de usted y de sus problemas.
- ☐ Usted tiene que hacer alguna promesa para que Dios le responda.

2.
- ☐ Dios perdona y olvida.
- ☐ Dios perdona pero no olvida.
- ☐ Dios está resentido con las personas.

3.
- ☐ Dios es justo.
- ☐ Usted tiene que cumplir con él para que le vaya bien.
- ☐ Por amor Dios todo lo permite.

4.
- ☐ Dios le da libertad y respeta sus decisiones.
- ☐ Dios lo maneja como a una marioneta.
- ☐ Dios le prohíbe justo lo que más le gusta.

Encuesta: ¿Qué idea tiene usted de Dios?

1.
- ☐ Dios está cerca, a su lado, atiende sus necesidades.
- ☐ Usted necesita hacer algo para sentirse cerca de él.
- ☐ Dios está lejos de usted y de sus problemas.
- ☐ Usted tiene que hacer alguna promesa para que Dios le responda.

2.
- ☐ Dios perdona y olvida.
- ☐ Dios perdona pero no olvida.
- ☐ Dios está resentido con las personas.

3.
- ☐ Dios es justo.
- ☐ Usted tiene que cumplir con él para que le vaya bien.
- ☐ Por amor Dios todo lo permite.

4.
- ☐ Dios le da libertad y respeta sus decisiones.
- ☐ Dios lo maneja como a una marioneta.
- ☐ Dios le prohíbe justo lo que más le gusta.

Encuesta: ¿Qué idea tiene usted de Dios?

1.
- ☐ Dios está cerca, a su lado, atiende sus necesidades.
- ☐ Usted necesita hacer algo para sentirse cerca de él.
- ☐ Dios está lejos de usted y de sus problemas.
- ☐ Usted tiene que hacer alguna promesa para que Dios le responda.

2.
- ☐ Dios perdona y olvida.
- ☐ Dios perdona pero no olvida.
- ☐ Dios está resentido con las personas.

3.
- ☐ Dios es justo.
- ☐ Usted tiene que cumplir con él para que le vaya bien.
- ☐ Por amor Dios todo lo permite.

4.
- ☐ Dios le da libertad y respeta sus decisiones.
- ☐ Dios lo maneja como a una marioneta.
- ☐ Dios le prohíbe justo lo que más le gusta.

Reproducibles - Invitaciones

Dios con nosotros

Lugar _____

Día _____ Hora _____ **Tema**: ¿Está Dios lejos o cerca de nosotros?
Día _____ Hora _____ **Tema**: ¿Es Dios rencoroso o perdonador?
Día _____ Hora _____ **Tema**: Dios es firme, ¿o podemos manejarlo a nuestra manera?
Día _____ Hora _____ **Tema**: Dios nos da libertad, ¿o nos maneja Dios como tiene ganas?
Día _____ Hora _____ **Tema**: ¡EMANUEL, Dios con nosotros!

Dios con nosotros

Lugar _____

Día _____ Hora _____ **Tema**: ¿Está Dios lejos o cerca de nosotros?
Día _____ Hora _____ **Tema**: ¿Es Dios rencoroso o perdonador?
Día _____ Hora _____ **Tema**: Dios es firme, ¿o podemos manejarlo a nuestra manera?
Día _____ Hora _____ **Tema**: Dios nos da libertad, ¿o nos maneja Dios como tiene ganas?
Día _____ Hora _____ **Tema**: ¡EMANUEL, Dios con nosotros!

Dios con nosotros

Lugar _____

Día _____ Hora _____ **Tema**: ¿Está Dios lejos o cerca de nosotros?
Día _____ Hora _____ **Tema**: ¿Es Dios rencoroso o perdonador?
Día _____ Hora _____ **Tema**: Dios es firme, ¿o podemos manejarlo a nuestra manera?
Día _____ Hora _____ **Tema**: Dios nos da libertad, ¿o nos maneja Dios como tiene ganas?
Día _____ Hora _____ **Tema**: ¡EMANUEL, Dios con nosotros!

Dios con nosotros

Lugar _____

Día _____ Hora _____ **Tema**: ¿Está Dios lejos o cerca de nosotros?
Día _____ Hora _____ **Tema**: ¿Es Dios rencoroso o perdonador?
Día _____ Hora _____ **Tema**: Dios es firme, ¿o podemos manejarlo a nuestra manera?
Día _____ Hora _____ **Tema**: Dios nos da libertad, ¿o nos maneja Dios como tiene ganas?
Día _____ Hora _____ **Tema**: ¡EMANUEL, Dios con nosotros!

Dios con nosotros
PROGRAMA DE NAVIDAD

PARTICIPE
DE NUESTRO PROGRAMA DE NAVIDAD

LUGAR:

DÍAS:

HORA: